El Canal es de Panamá, es un libro escrito con mucho civismo y sentimiento de soberanía para todos los panameños y especialmente para tí

Espero que lo disfrutes y encuentres en sus páginas, el mensaje de nacionalismo y sentimiento que quise plasmar en él.

Con aprecio,

Aguilar M.

Aguilar Martínez

El CANAL *es* DE PANAMÁ

La historia
1887 - 2024

AGUILAR MARTÍNEZ

Aguilar Martínez frente a la torre de control de las esclusas del Canal de Panamá.

Primera edición
2025

El Canal es de Panamá
La historia
Aguilar Martínez
Diciembre 2024
ISBN: 9798307729939

Contenido

Entre Guerras

Introducción

La historia del Canal de Panamá es una travesía de sueños, desafíos y victorias que abarcan más de un siglo. Desde las primeras exploraciones en el siglo XIX (1887), hasta la eficiente administración panameña actual del siglo XXI (2024). Por 137 años se ha construido la historia del canal y desde 1914, ha sido un punto de conexión crucial para el comercio global y un símbolo de la resiliencia y soberanía panameña, a pesar que la posición geográfica de Panamá, desde mucho antes, ha sido donde el mundo entero, se concentra para llevar de un lado al otro, su comercio.

Esta crónica novelada sobre el Canal de Panamá, comienza con los franceses que, bajo el liderazgo de Ferdinand de Lesseps, iniciaron el ambicioso proyecto en 1888, enfrentando un territorio desafiante, enfermedades tropicales y problemas financieros que eventualmente condujeron a su fracaso. Posteriormente, Estados Unidos retomó el proyecto en 1904 y, tras una intervención que facilitó la independencia de Panamá, se embarcó en la construcción del canal. A lo largo de diez años, con tecnología avanzada y una determinación implacable, Estados Unidos superó deslizamientos de tierra y brotes de fiebre amarilla y malaria para completar el canal en 1914.

Durante ambas guerras mundiales, el Canal de Panamá fue vital para la logística y seguridad de Estados Unidos y sus aliados, consolidándose como un activo estratégico global. Sin embargo, el control estadounidense sobre el canal y la Zona del Canal generó tensiones y protestas entre los panameños, que exigían la soberanía total sobre su territorio. Décadas de reclamos y sacrificios culminaron en 1977 con la firma de los Tratados Torrijos-Carter, estableciendo un plan para la transferencia del canal a Panamá.

En 1999, en la administración de la presidenta Mireya Moscoso, el Canal de Panamá pasó finalmente a manos panameñas y la administración eficiente de la Autoridad del Canal de Panamá (ACP) ha convertido al canal en un modelo de gestión y transparencia. En 2016, en la presidencia de Martin Torrijos, un referéndum nacional, decidió la ampliación del canal; diseñada y construida bajo la dirección panameña.

Terminada, duplicó su capacidad y abrió nuevas rutas para los barcos de mayor tamaño, reafirmando la posición de Panamá en el comercio global.

Hoy, al borde de los 25 años de administración soberana, el Canal de Panamá representa no solo una vía de comercio, sino el orgullo y la determinación de un pueblo que supo luchar, conquistar y defender su soberanía con firme determinación, consolidando su lugar en la historia.

La Historia del Canal de Panamá
Un sueño que cambió el mundo

Vamos a comenzar esta crónica novelada, sobre los primeros intentos de construcción del Canal de Panamá, enfocado en los esfuerzos iniciales de los franceses a fines del siglo XIX.

A continuación, presento hechos y la historia detallada de acontecimientos, basados en los datos históricos de la época.

Aguilar Martínez
Esclusas del Canal de Panamá

Capítulo 1

El Ambicioso Proyecto de 1887

En la segunda mitad del siglo XIX, el mundo comenzó a obsesionarse con una idea revolucionaria, entendiendo la posición estratégica del istmo centroamericano, específicamente de un pequeño territorio en la cintura de América llamado Panamá, para construir un canal que permitiera la comunicación marítima directa entre el Océano Atlántico y el Océano Pacífico. Decimos comenzó a obsesionarse, porque ya en el siglo XVI, el emperador Carlos V del Sacro Imperio Romano Germánico, quien también era Carlos 1 de España, había mostrado el deseo de construir un paso o canal navegable, que acortara los viajes a Perú y permitiera a los barcos evitar el peligroso cabo de Hornos. Por medio de un decreto emitido en 1534 el emperador ordenó al gobernador regional de Panamá, levantar los planos para construir una ruta hacia el Pacífico siguiendo el rio Chagres, aunque suspendieron la intención, por no contar con la tecnología necesaria para una obra de tal envergadura.

En el siglo XIX los franceses, se entusiasmaron nuevamente con esta conexión, porque prometía reducir en miles de kilómetros la ruta comercial entre Europa, Asia y las Américas, ya los españoles utilizaban el istmo, como punto de paso y encuentro de los mundos, pero ya se habían planteado desde el siglo XVI con Carlos I, hacer algo más agresivo y efectivo para acortar esas rutas, pero desistieron por lo costoso de la obra. Siglos después, en Francia, la mente visionaria detrás de esta idea fue la del ingeniero francés Ferdinand de Lesseps, quien ya había alcanzado fama mundial al construir el Canal de Suez.

En 1876, la Sociedad Geográfica de París formó un comité para explorar la construcción de un canal interoceánico en América Central, liderado por Ferdinand de Lesseps y con exploraciones a cargo del teniente Lucien NB Wyse. Aunque Wyse propuso inicialmente un canal a nivel del mar por Panamá, el ingeniero francés Barón Godin de Lépinay sugirió un diseño de esclusas, más eficiente, pero fue ignorado a favor del proyecto sugerido por Wyse.

La idea de un canal a través del istmo de Panamá cobró fuerza en 1879 cuando Ferdinand de Lesseps, con el respaldo del gobierno francés y el entusiasmo del público, organizó un congreso internacional de geografía en París, durante el cual planteó la viabilidad de la construcción. Se discutieron varios proyectos y propuestas y se eligió la ruta de Panamá debido a su estrechez geográfica. En este momento, De Lesseps y su equipo aún pensaban en un canal a nivel del mar, similar al Canal de Suez.

El Congreso Internacional de Estudios del Canal Interoceánico respaldó un canal a nivel en Panamá, desestimando otras propuestas como la de Nicaragua.

El Comité Consultivo Superior y el cambio de planes

Para evaluar la viabilidad de este proyecto, se creó el Comité Consultivo Superior, compuesto por destacados ingenieros e investigadores. En 1887, este comité emitió un informe crucial que cambiaría el rumbo del proyecto: el informe advertía sobre las dificultades geológicas y las lluvias torrenciales en Panamá, así como el peligro que representaba el río Chagres, que podía inundar el canal. La construcción de un canal a nivel del mar, como el Suez, parecía imposible debido a las montañas y la inestabilidad del terreno.

En su lugar, el comité propuso una solución revolucionaria: construir un canal de esclusas de alto nivel. Este diseño implicaba la construcción de estructuras que elevarían y descenderían los barcos mediante esclusas, permitiendo que el canal atravesara el terreno montañoso del istmo sin la necesidad de excavaciones extensas y costosas.

Este cambio representó un desafío inmenso. La construcción de esclusas y represas requeriría una tecnología más avanzada y compleja de la que se había utilizado en Suez y muchos ingenieros de la época dudaban de la posibilidad de llevar a cabo un proyecto de tal envergadura en un lugar tan inhóspito.

Los Inicios en el Terreno
15 de enero de 1888

A pesar de los desafíos, el 15 de enero de 1888, bajo la dirección de Ferdinand de Lesseps y su equipo, comenzaron oficialmente las excavaciones en el istmo de Panamá. Este evento marcó el inicio formal de las obras del canal y estuvo acompañado de una gran expectativa. La compañía francesa, llamada Compagnie Universelle du Canal Interocéanique de Panamá, empleó a miles de trabajadores, principalmente caribeños y europeos, para las excavaciones.

Los trabajos comenzaron en la región de Colón, en el lado atlántico y se extendieron hacia el interior del istmo. Las primeras excavaciones se centraron en el corte del cerro Culebra, una enorme formación montañosa que era uno de los principales obstáculos geológicos de la ruta.
A medida que avanzaban las obras, los ingenieros y trabajadores se enfrentaron a problemas inesperados: lluvias torrenciales, deslizamientos de tierra y una geografía que parecía conspirar en contra de sus esfuerzos.

Trabajadores del canal Frances en 1889
(Foto ACP)

Desafíos Sanitarios y las Enfermedades

Además de los problemas geológicos, uno de los mayores desafíos fue el impacto de las enfermedades tropicales, que diezmaron a la fuerza laboral. Las epidemias de malaria y fiebre amarilla se propagaron rápidamente entre los trabajadores, debido a las insalubres condiciones de vida en las áreas de trabajo. Los médicos de la época desconocían las causas y el método de transmisión de estas enfermedades y las muertes diarias se contaban por decenas.
Se estima que, durante los primeros años de construcción, murieron miles de trabajadores a causa de estas enfermedades. Los informes de los médicos de la compañía indicaban que muchos trabajadores sucumbían a la fiebre amarilla en cuestión de días y los hospitales improvisados estaban constantemente abarrotados. Esta situación, sumada a la dura jornada de trabajo y a las difíciles condiciones climáticas, comenzó a afectar la moral de los trabajadores y a generar un sentimiento de pesimismo.

Crisis financiera y enfermedades terminan con el sueño francés. (Foto ACP)

Crisis Financiera y el Escándalo de la Compañía Francesa

En 1888, el enfoque cambió a un canal de esclusas, pero para entonces los recursos y el tiempo ya no eran suficientes.
La inversión inicial de la Compañía Universal de Canal se había agotado rápidamente y las dificultades técnicas y sanitarias añadían nuevos costos. A medida que pasaban los meses, los costos del proyecto aumentaban desproporcionadamente. La recaudación de fondos en Francia comenzó a fallar y los accionistas empezaron a exigir explicaciones. Para mantener el flujo de dinero, De Lesseps y otros miembros de la compañía recurrieron a métodos poco éticos, solicitando préstamos que no podían pagar y emitiendo informes optimistas que no reflejaban la realidad del proyecto. El proyecto francés colapsó, dejando un legado de errores en planificación y ejecución que facilitaron más tarde la construcción.

En 1889, el sueño francés de construir el Canal de Panamá llegó a un colapso final. La compañía se declaró en quiebra y el proyecto se detuvo oficialmente. La noticia causó un escándalo en Francia, conocido como el Escándalo de Panamá, en el que salieron a la luz pruebas de corrupción y malversación de fondos por parte de la alta dirección de la compañía. Ferdinand de Lesseps, que había sido idolatrado como un héroe nacional por su éxito en Suez, fue sometido a un juicio que empañó su reputación y lo dejó en la ruina.

Aunque el proyecto francés fracasó, su esfuerzo no fue en vano. El trabajo realizado entre 1888 y 1889 sentó las bases para la construcción del canal que años después retomaría Estados Unidos. Los estudios y excavaciones realizadas por los franceses proporcionaron información valiosa sobre la geografía, la topografía y las condiciones de trabajo en el istmo y el diseño de esclusas propuesto en 1887 serviría como inspiración para el canal que finalmente se construiría.

El sueño de Ferdinand de Lesseps se había desmoronado, pero el concepto de un canal en Panamá continuaba vivo en la mente de otros visionarios. El fracaso francés dejó lecciones y marcó el inicio de una nueva etapa en la historia del canal, en la que Estados Unidos jugaría un papel crucial y definitivo.

Este es el relato de los inicios del canal, bajo el liderazgo francés y la primera propuesta de un canal con esclusas de alto nivel. En este primer capítulo de la historia del canal, hemos explorado los desafíos, las decisiones técnicas y los escollos que enfrentaron los franceses en su intento de hacer realidad esta gran obra de ingeniería. El siguiente capítulo abarca la llegada de Estados Unidos al proyecto y cómo se materializó finalmente el sueño de un canal interoceánico en Panamá, que no fue idea de los norteamericanos porque estaba lejos de ser una obra suya, como lo estuvieron proclamando por años sino la continuación de una idea de los franceses.

En el segundo capítulo, exploraremos la intervención de Estados Unidos y los eventos que llevaron a la separación de Panamá de Colombia, proceso que fue clave para la construcción del Canal de Panamá. Apegándonos a los hechos históricos, veremos cómo Estados Unidos impulsó la independencia de Panamá, con el objetivo de asegurar la construcción y el control del canal de Panamá y el punto estratégico para sus intenciones expansionistas de control continental.

Capítulo 2

La Separación de Panamá y la Conspiración Internacional

Después del colapso del proyecto francés en 1889, la idea de construir un canal interoceánico en Panamá no desapareció. Al contrario, el interés internacional creció y entre los países que observaban con mayor atención se encontraba Estados Unidos. El canal era visto por el gobierno estadounidense como una infraestructura de importancia estratégica, que permitiría reducir drásticamente los tiempos de navegación entre la costa este y oeste, consolidando así su poder marítimo y económico.

Estados Unidos Intereses estratégicos y de control

Estados Unidos también evaluó construir el canal en Nicaragua, un país más estable políticamente que Colombia, de la que Panamá formaba parte en ese entonces como herencia de la obligada adhesión al sueño de Bolívar llamado "La Gran Colombia" en 1821 después de la independencia del Panamá de España.

Los estudios técnicos de los ingenieros estadounidenses señalaron que la ruta de Panamá era más favorable en términos de tiempo y recursos, especialmente porque en Panamá ya existían partes excavadas y estudios previos realizados por los franceses.

El gobierno de Estados Unidos, encabezado por el presidente Theodore Roosevelt, decidió entonces retomar la idea de construir el canal en Panamá. Sin embargo, un gran obstáculo se interponía: Colombia.

El gobierno colombiano poseía soberanía sobre el istmo y por lo tanto, tenía el poder de aprobar o rechazar cualquier acuerdo sobre la construcción del canal.

El Tratado Herrán-Hay y el Fracaso de la Negociación

En 1903, Estados Unidos y Colombia intentaron llegar a un acuerdo mediante el Tratado Herrán-Hay. Este tratado, negociado por el secretario de Estado estadounidense John Hay y el embajador colombiano en Washington, Tomás Herrán, buscaba conceder a Estados Unidos los derechos para construir el canal en Panamá a cambio de una compensación económica.

El tratado estipulaba que Estados Unidos pagaría a Colombia una suma inicial de 10 millones de dólares y un arrendamiento anual de 250,000 dólares por el uso del territorio. Sin embargo, el Congreso colombiano se mostró escéptico respecto al tratado y lo consideró una amenaza a la soberanía nacional. En agosto de 1903, el Congreso colombiano rechazó el tratado, pues consideraban que la suma ofrecida era insuficiente y que el control que Estados Unidos tendría sobre el área era excesivo.

La negativa del Congreso colombiano fue un duro golpe para los planes estadounidenses. Theodore Roosevelt, convencido de que el canal era crucial para los intereses de Estados Unidos, comenzó a buscar alternativas. Para él, el rechazo colombiano no significaba el fin de la posibilidad de construir el canal en Panamá.

La Conspiración para Separar a Panamá de Colombia

Ante la negativa de Colombia, surgió la idea de fomentar un movimiento separatista en Panamá. La región de Panamá ya tenía antecedentes de intentos de separación debido a su aislamiento geográfico y a las tensiones políticas con el gobierno central de Colombia. En años anteriores, (1830, 1831, 1832 y 1840) Panamá había intentado separarse en varias ocasiones, pero siempre sin éxito. Roosevelt y sus asesores vieron en esta situación una oportunidad y comenzaron a desarrollar un plan para impulsar la separación panameña, con el fin de asegurar el control de la zona canalera.

Para llevar a cabo esta estrategia, el gobierno estadounidense estableció contacto con un grupo de líderes panameños, entre ellos José Agustín Arango, Federico Boyd y Manuel Amador Guerrero, quienes compartían el deseo de una Panamá independiente. Estos líderes acordaron colaborar con Estados Unidos a cambio de apoyo militar y financiero para lograr la separación de Colombia. Manuel Amador Guerrero, quien trabajaba en el sector

médico en la región del ferrocarril transístmico,
asumió un papel de liderazgo en la conspiración y comenzó a coordinar el movimiento separatista con el respaldo estadounidense.

El Apoyo Militar de Estados Unidos y el Papel del USS Nashville

Estados Unidos preparó un apoyo militar estratégico para asegurar el éxito de la independencia de Panamá. En octubre de 1903, el buque de guerra estadounidense USS Nashville fue enviado al puerto de Colón, en el Caribe panameño. La presencia del Nashville era una señal clara de que Estados Unidos estaba dispuesto a intervenir para asegurar el éxito de la independencia panameña. A bordo, la tripulación estaba lista para proteger el ferrocarril transístmico y evitar que las tropas colombianas intervinieran en el proceso separatista.

El 3 de noviembre de 1903, los líderes panameños, bajo el liderazgo de Amador Guerrero y el apoyo tácito de Estados Unidos, declararon la independencia de Panamá. Los funcionarios y soldados colombianos presentes en Panamá se vieron superados en número y fuerza debido a la intervención estadounidense y sin posibilidad de recibir refuerzos, no ofrecieron resistencia significativa. La estrategia había funcionado: el país que formaba parte de Colombia desde su independencia de España en 1821, finalmente se separó en cuestión de horas. Panamá era libre para escribir su historia y decidir su destino.

Colón, 5 de noviembre 1903

El Reconocimiento Inmediato de Estados Unidos y el Tratado Hay-Bunau-Varilla

Al día siguiente de la independencia, el 4 de noviembre de 1903, Estados Unidos reconoció oficialmente a Panamá como una nación independiente. Fue un movimiento diplomático rápido y efectivo que reflejaba la urgencia de los intereses estadounidenses en el istmo. Poco después, el gobierno panameño provisional designó a Philippe Bunau-Varilla como embajador de Panamá en Estados Unidos.

Bunau-Varilla, un ingeniero francés que había sido socio en la construcción del canal y tenía fuertes conexiones en Estados Unidos, negoció en nombre del nuevo gobierno panameño el Tratado Hay-Bunau-Varilla. Este tratado fue firmado el 18 de noviembre de 1903 y concedió a Estados Unidos derechos exclusivos para la construcción y administración del canal en una franja de diez millas de ancho a lo largo del istmo, a perpetuidad y conocida como la Zona del Canal. **Este tratado es conocido por los patriotas nacionalistas y por la**

historia panameña, como el tratado que ningún panameño firmó. Este tratado siempre fue considerado como una espina colonialista para los patriotas panameños.

Según el tratado, Panamá recibiría un pago inicial de 10 millones de dólares y una renta anual de 250,000 dólares, los mismos términos que se habían propuesto a Colombia. Sin embargo, a diferencia de Colombia, el nuevo gobierno panameño aceptó sin objeciones, influenciado por la urgencia de estabilizar el país y asegurar el apoyo de Estados Unidos.

Las reacciones en Colombia y Panamá

La reacción en Colombia fue de indignación. El gobierno colombiano consideró la intervención estadounidense como una agresión a su soberanía y un acto de traición. Aunque Colombia intentó reclamar la soberanía sobre Panamá, Estados Unidos, con su poderosa flota y su influencia diplomática, disuadió cualquier intento de recuperación del territorio. Los líderes colombianos finalmente tuvieron que aceptar la separación de Panamá y la pérdida del control estratégico del istmo.

En Panamá, la situación fue compleja. Aunque muchos panameños celebraron la independencia, pronto surgieron sentimientos de recelo y preocupación. El Tratado Hay-Bunau-Varilla fue criticado por los términos que concedían a Estados Unidos un control absoluto sobre la Zona del Canal, ya no por 99 años, como el tratado propuesto a Colombia sino en esta ocasión y aprovechando la necesidad evidente de los separatistas, ahora se había cambiado por la frase “A perpetuidad”, conviniendo el tratado en una herida perenne y creando una

división entre la franja administrada por Estados Unidos y el
resto del territorio panameño para siempre. A pesar de las críticas, el gobierno provisional de Panamá consideró que la independencia y el desarrollo económico que prometía el canal eran prioridades urgentes y decidió ratificar el tratado.

El Camino hacia el Canal bajo el Control de Estados Unidos

La separación de Panamá de Colombia en 1903 fue, en gran medida, una consecuencia de los intereses estratégicos de Estados Unidos en la región. Con el Tratado Hay-Bunau-Varilla, Estados Unidos aseguraba el control de la construcción del canal y la creación de la Zona del Canal sentando las bases para una intervención directa y prolongada en los asuntos panameños.

La conspiración que condujo a la independencia de Panamá sigue siendo un tema de intenso debate histórico. Para Panamá, la independencia fue un acto de soberanía con costos muy altos, pues los términos del tratado otorgaban a Estados Unidos un control casi colonial y a perpetuidad, sobre una parte estratégica de su territorio. Sin embargo, también fue el inicio de un proyecto de ingeniería sin precedentes: el Canal de Panamá, que finalmente conectaría dos océanos y cambiaría la historia del comercio y la política global para siempre.

Este capítulo termina con la separación de Panamá y el inicio de la influencia estadounidense sobre el istmo.

Trabajadores del Canal francés
(Foto ACP)

Capítulo 3

La Construcción del Canal de Panamá Bajo la Administración de Estados Unidos

En este tercer capítulo, veremos cómo Estados Unidos asumió la construcción del Canal de Panamá tras la separación de Panamá de Colombia y exploraremos los enormes desafíos técnicos, sanitarios y logísticos que enfrentaron en la creación de esta obra monumental de ingeniería.

El Nuevo Comienzo

La Llegada de Estados Unidos

En 1904, tras la separación con la declaración de independencia de Panamá y la firma del Tratado Hay-Bunau-Varilla, Estados Unidos asumió oficialmente la **responsabilidad** de construir el Canal de Panamá, no la propiedad del mismo.
La tarea era inmensa. A diferencia del canal a nivel del mar que Francia había intentado, Estados Unidos había adoptado la propuesta del canal de esclusas, un diseño complejo que implicaba la construcción de represas, lagos artificiales y un sistema de esclusas capaces de elevar y descender los barcos a diferentes niveles.

La administración estadounidense, encabezada por el presidente Theodore Roosevelt, veía la construcción del canal como un símbolo de la grandeza estadounidense y un proyecto por más, estratégico fundamental para el comercio y la seguridad naval.

Para Roosevelt, el canal representaba el ideal de progreso, tecnología y control geopolítico en el hemisferio.

Corte Culebra 1908
(Foto ACP)

El Desafío Sanitario Combatiendo la Malaria y la Fiebre Amarilla

Uno de los primeros desafíos que enfrentaron los estadounidenses fue la devastadora situación sanitaria que había paralizado el proyecto francés. Las enfermedades tropicales, en particular la fiebre amarilla y la malaria, habían causado la muerte de miles de trabajadores durante el período francés. Sin control sobre estas enfermedades, el proyecto de construcción estaba condenado al fracaso.

Para enfrentar este desafío, Roosevelt designó al médico militar William C. Gorgas, quien había ganado experiencia combatiendo la fiebre amarilla en Cuba. Gorgas y su equipo llevaron a cabo una campaña de saneamiento sin precedentes, abordando la causa de las enfermedades a través de la erradicación de los mosquitos, portadores de la fiebre amarilla y la malaria.

Las medidas sanitarias incluyeron la fumigación intensiva de las áreas habitadas, el drenaje de charcas y zonas de agua estancada, la instalación de mallas en ventanas y puertas y la distribución de aceite en pozos y estanques para eliminar las larvas de mosquitos. Además, establecieron clínicas y hospitales donde los trabajadores infectados recibían tratamiento. En cuestión de años, el equipo de Gorgas logró reducir drásticamente las infecciones de fiebre amarilla y malaria, lo cual fue crucial para el éxito del proyecto. Esta campaña fue pionera en salud pública y sentó las bases para la erradicación de enfermedades tropicales en otros lugares.

El Plan de construcción y los equipos de ingeniería

La construcción del canal fue organizada en tres divisiones principales:

1. La División del Atlántico, a cargo del corte del lado del Atlántico y del inicio de la construcción de las esclusas en Colón.
2. La División Central, que se enfocó en el corte de la cordillera central, particularmente el Corte Culebra, una enorme obra de excavación en el paso montañoso que resultó ser uno de los mayores desafíos geológicos.
3. La División del Pacífico, donde se construyeron las esclusas y las instalaciones de acceso al lado del Pacífico, en la región de Balboa.

Para liderar esta operación, Estados Unidos designó a destacados ingenieros, entre ellos a John Frank Stevens y más tarde a George Washington Goethals. Stevens reorganizó las operaciones y fue quien ideó el uso de trenes para transportar la tierra y las rocas excavadas del Corte Culebra, aliviando los problemas de almacenamiento y desechos. Su ingenio en el manejo logístico resultó

fundamental para evitar que los escombros bloquearan el avance de la obra.
Cuando Goethals asumió el liderazgo en 1907, se convirtió en el ingeniero jefe y líder indiscutible de la construcción. Bajo su dirección, la obra se convirtió en un modelo de organización militar y eficiencia, en el que cada parte del proyecto estaba meticulosamente planificada.

Corte Culebra desafío y peligro constante para los ingenieros y trabajadores en la construcción del canal.
(Foto ACP)

El Corte Culebra
El desafío Geológico más grande

Uno de los mayores desafíos del canal fue el Corte Culebra (también conocido como Corte Gaillard), una sección de casi 14 kilómetros de largo que debía ser excavada en el punto más alto del istmo, en una zona montañosa y de terreno inestable. Este corte fue un reto de ingeniería titánico ya que la montaña debía reducirse hasta crear un paso a nivel que conectara las esclusas de ambos lados.

A pesar de los avances en maquinaria, la excavación del Corte Culebra enfrentó problemas constantes.
Los deslizamientos de tierra eran frecuentes y en ocasiones, toneladas de tierra y rocas caían de las paredes de la excavación, enterrando maquinaria y trabajadores.
Estos derrumbes significaban días e incluso semanas de trabajo perdido y en muchos casos causaban trágicas muertes.

Para lidiar con estos deslizamientos, se utilizaron innovaciones como la perforación y el uso de dinamita, lo cual permitió que se removiera gran cantidad de material en menor tiempo.

Sin embargo, los accidentes continuaron siendo una amenaza constante y la excavación del Corte Culebra se convirtió en una verdadera prueba de resistencia tanto para los ingenieros como para los trabajadores.

El Sistema de Esclusas
La Obra Maestra de la Ingeniería

El sistema de esclusas era el corazón del canal y la obra de ingeniería más avanzada de su tiempo. Las esclusas se diseñaron para elevar los barcos desde el nivel del mar hasta el nivel del Lago Gatún (un lago artificial creado a partir del río Chagres) y luego descenderlos nuevamente. El sistema requería construir tres esclusas principales en cada extremo: Gatún en el lado atlántico y Pedro Miguel y Miraflores en el lado pacífico.

Cada esclusa tenía enormes puertas de acero, de más de 21 metros de altura y el llenado y vaciado de las cámaras de esclusas se realizaba mediante un sistema de válvulas que permitía el flujo de agua controlado por gravedad desde el Lago Gatún. Este diseño permitía que el canal funcionara sin necesidad de energía adicional, utilizando únicamente la fuerza del agua.

El diseño y construcción de las esclusas fue una hazaña de precisión y coordinación. Se utilizaron compuertas y maquinaria de alta tecnología para la época y los ingenieros tuvieron que enfrentar desafíos de peso,

presión y resistencia de materiales que nunca
antes se habían abordado en una obra de tal magnitud. Las esclusas no solo debían ser funcionales, sino también duraderas ya que se esperaba que el canal fuera una obra permanente y de valor estratégico incalculable.

Construcción de las esclusas, un reto de los ingenieros del canal de Panamá. *(Foto ACP)*

La Finalización de la Obra y la Apertura del Canal

A pesar de todos los desafíos, el trabajo incansable de los ingenieros, trabajadores y el compromiso del gobierno estadounidense lograron que el canal se completara en un tiempo récord. Después de diez años de trabajo bajo la administración de Estados Unidos, el Canal de Panamá fue finalmente terminado en 1914. La primera travesía oficial tuvo lugar el 15 de agosto de 1914, cuando el barco SS Ancón cruzó el canal de Atlántico a Pacífico, marcando el inicio de una nueva era en el comercio y el transporte marítimo mundial. Cabe destacar que unos días antes, el 3 de agosto se realizó un tránsito de prueba, con el SS Cristóbal, aunque no es considerado como oficial ya que fue un tránsito de prueba y en enero de 1914, un viejo bote grúa, llamado Alexandre La Valley transitó del Atlántico al Pacifico por trabajos de construcción.

La apertura del Canal de Panamá fue recibida con gran entusiasmo en Estados Unidos y en la comunidad internacional. La obra se convirtió en símbolo de la era de la ingeniería moderna y de la capacidad de la

humanidad para superar enormes desafíos naturales. El
canal también consolidó a Estados Unidos como una potencia global y le dio el control de una de las rutas comerciales más importantes del mundo.

En enero del año 1914, el bote grúa, de nombre "Alexandre La Valley" transitó el canal del Atlántico al Pacifico por trabajos de construcción. *(Foto ACP)*

El Legado del Canal y la Zona del Canal

Aunque el canal fue un logro monumental de la ingeniería, el control de Estados Unidos sobre la Zona del Canal —una franja de 16 kilómetros de ancho en el territorio panameño— generó tensiones a lo largo de los años. Para Panamá, el canal representaba un motor de desarrollo, pero también una fuente de conflicto y resentimiento ya que la Zona del Canal operaba casi como una colonia estadounidense, con sus propias leyes y administración.

La ocupación de la Zona del Canal y el papel de Estados Unidos en la independencia de Panamá generaron sentimientos encontrados entre los panameños y las protestas por el control del canal se intensificarían en las décadas siguientes. Aun así, el canal transformó el comercio mundial, acortando las rutas entre continentes y abriendo el acceso a nuevas oportunidades económicas.

La construcción del Canal de Panamá fue una de las hazañas de ingeniería más ambiciosas y exitosas de la historia moderna. Una Obra para la Historia, Bajo la administración de Estados Unidos, el proyecto enfrentó y superó retos sanitarios, técnicos y geológicos que parecían insuperables, logrando crear un paso interoceánico que continúa siendo una de las rutas marítimas más importantes del mundo.

Con el tiempo, la administración del canal pasaría a manos panameñas, pero su construcción sigue siendo un legado de perseverancia y un recordatorio de las complejidades políticas y económicas que acompañaron la construcción de este proyecto.
Este capítulo completa la historia de la construcción del Canal de Panamá bajo la administración de Estados Unidos, cubriendo los avances técnicos y los desafíos sanitarios que se superaron.

Esclusas del canal
(Foto ACP)

Cañón MkIIMI de la Armada de 16 pulgadas M1919 montado en cerro barqueta en Panamá 1939 (Foto ACP)

Capítulo 4

El Canal de Panamá en el Comercio Mundial y la primera y segunda Guerra Mundial

Activo estratégico - militar para Estados Unidos

Este cuarto capítulo exploraremos cómo el Canal de Panamá se convirtió en una ruta estratégica para el comercio y en un activo militar fundamental para los Estados Unidos de América, durante las dos guerras mundiales. También veremos el impacto que tuvo esta situación en Panamá, tanto en términos políticos como en la relación con Estados Unidos.

Un nuevo enlace para el Comercio Internacional

Desde su apertura en 1914, el Canal de Panamá revolucionó el comercio mundial al reducir significativamente las distancias entre el Océano Atlántico y el Océano Pacífico. Antes de la existencia del canal, los barcos debían recorrer la peligrosa y extensa ruta alrededor del Cabo de Hornos en el extremo sur de Sudamérica para conectar ambas costas. Esta ruta, además de ser más larga, era peligrosa debido a las fuertes corrientes y a los frecuentes cambios de clima.

Con la inauguración del canal, las embarcaciones podían acortar en más de 13,000 kilómetros su recorrido. Los tiempos de transporte disminuyeron radicalmente, impulsando el comercio entre América del Norte, Europa y Asia. Las economías que dependían del comercio marítimo experimentaron una transformación y el canal se convirtió rápidamente en una de las rutas marítimas más transitadas y valiosas del mundo.

A partir de su apertura, el canal facilitó el transporte de mercancías esenciales como petróleo, alimentos, materias primas y productos manufacturados y se convirtió en un motor económico no solo para Panamá y Estados Unidos, sino para el comercio global. Las grandes potencias de la época comenzaron a valorar el canal como un activo crucial para mantener y expandir sus intereses comerciales y militares.

El Canal de Panamá y la Primera Guerra Mundial

Aunque el Canal de Panamá fue inaugurado en agosto de 1914, apenas unos días después comenzó la Primera Guerra Mundial en Europa. Debido a la situación de conflicto, Estados Unidos tomó medidas especiales para proteger el canal, consciente de su valor estratégico. El canal no solo permitía una conexión rápida entre el Atlántico y el Pacífico, sino que también garantizaba que la marina estadounidense pudiera movilizarse con rapidez hacia cualquiera de los dos océanos en caso de amenaza.

El canal fue considerado un objetivo estratégico y tanto Estados Unidos como Panamá implementaron medidas para asegurar su defensa. Fortificaciones fueron establecidas en puntos clave a lo largo del canal, como en Fuerte Amador y Fuerte Clayton en la entrada del lado Pacífico y en Fuerte Sherman en el lado Atlántico. La zona del canal fue rodeada de bases militares y defensas para disuadir cualquier intento de sabotaje o ataque por parte de las potencias del Eje.

Durante la guerra, el canal se mantuvo operativo y permitió el flujo seguro de barcos de carga y suministros esenciales, además de los buques de guerra estadounidenses que se desplazaban entre los océanos para apoyar a sus aliados. En este contexto, Panamá se consolidó como un punto estratégico que aumentaba la importancia de la región en la geopolítica internacional. Aunque el país mantuvo su neutralidad formal durante el conflicto, el canal se convirtió en una ruta crítica para la logística de guerra estadounidense.

Entre Guerras
Un Canal bajo control estadounidense y tensiones locales

Tras el fin de la Primera Guerra Mundial, la posición de Estados Unidos en Panamá se consolidó aún más. La Zona del Canal, una franja de 16 kilómetros de ancho, permaneció bajo control estadounidense y el canal se administraba exclusivamente desde Washington. En esta época, Estados Unidos estableció una comunidad dentro de la Zona del Canal, donde sus ciudadanos vivían con servicios, escuelas y leyes estadounidenses, creando una división entre los panameños y los "zonians" (como se les llamaba a los estadounidenses que residían allí).

Esta situación generó resentimiento entre los panameños, quienes veían su propio canal como una entidad ajena, controlada y administrada por una potencia extranjera. Además, los beneficios económicos de esta infraestructura clave no alcanzaban a toda la población panameña, mientras que las mejores oportunidades estaban reservadas para los estadounidenses.

A pesar de estos sentimientos de tensión, Panamá también era consciente de los beneficios económicos y geopolíticos que el canal aportaba. Algunos sectores panameños, especialmente los gobiernos de turno, consideraban que la relación con Estados Unidos era beneficiosa, dado que aseguraba estabilidad y respaldo económico. Sin embargo, otros sectores, incluyendo estudiantes y movimientos nacionalistas, empezaron a demandar un mayor control panameño sobre el canal y la Zona del Canal.

La Segunda Guerra Mundial y el Canal de Panamá
Una Ruta Estratégica Vital

Cuando estalló la Segunda Guerra Mundial en 1939, el Canal de Panamá adquirió nuevamente una importancia estratégica sin precedentes. Estados Unidos, que aún mantenía el control absoluto sobre el canal y la zona circundante, implementó una serie de medidas de seguridad adicionales para proteger la infraestructura de cualquier ataque potencial de las potencias del Eje.

La seguridad fue intensificada en toda la Zona del Canal y se construyeron fortificaciones adicionales. Se desplegaron escuadrones de patrullaje y artillería costera y se estableció una zona de exclusión alrededor del canal, prohibiendo la entrada de cualquier barco no autorizado. Los buques de guerra de la Marina estadounidense realizaban constantes rondas de vigilancia en los océanos Atlántico y Pacífico, asegurándose de que ningún submarino o fuerza aérea enemiga pudiera acercarse al canal.

Uno de los principales temores era que los submarinos alemanes, conocidos como los U-boats, intentaran sabotear el canal. Un ataque exitoso en Panamá podría haber interrumpido seriamente la capacidad de Estados Unidos para mover recursos y tropas entre los océanos. A lo largo de la guerra, varios submarinos alemanes llegaron a operar cerca de las costas del Caribe, lo que aumentó la vigilancia y la paranoia en torno a la seguridad del canal.

En 1942, como medida adicional, Estados Unidos instaló un sistema de barreras de torpedos y minas en ambas entradas del canal. La prioridad de proteger la infraestructura se tradujo en una vigilancia permanente y en la construcción de pistas de aterrizaje y bases militares en zonas cercanas, como en Río Hato, para detectar cualquier amenaza aérea.

Para Panamá, la Segunda Guerra Mundial trajo implicaciones significativas. En primer lugar, la presencia militar estadounidense fue aumentada considerablemente. Las fuerzas armadas estadounidenses establecieron bases temporales en varias partes del país, fuera de la Zona del Canal, para defender la

infraestructura estratégica. Panamá, a cambio, experimentó un crecimiento económico debido a la demanda de servicios, recursos y mano de obra para apoyar el esfuerzo bélico estadounidense.
El gobierno panameño, encabezado por Arnulfo Arias y luego por Ricardo Adolfo de la Guardia durante la guerra, colaboró estrechamente con Estados Unidos. Sin embargo, esta colaboración se dio en medio de tensiones políticas y sociales. Muchos panameños veían la presencia militar estadounidense como una ocupación, mientras que otros valoraban los beneficios económicos que traía consigo.

Durante este período, también surgió un sentido de identidad y nacionalismo entre los panameños, quienes comenzaron a exigir más autonomía y control sobre su territorio. Los movimientos estudiantiles y sectores populares protestaban por la extensión del control estadounidense y exigían una revisión de los acuerdos que limitaban la soberanía panameña.

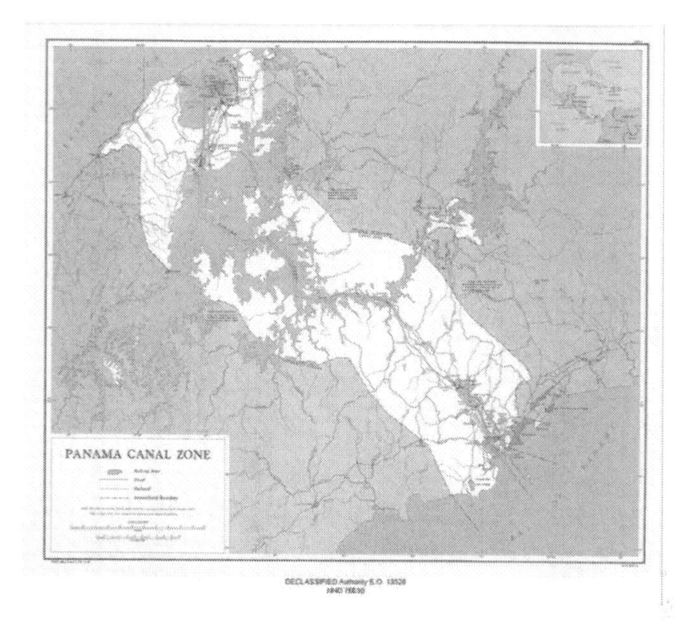

Zona del Canal de Panamá, ocupada por soldados y ciudadanos de EEUU entre 1903 y 1979.
Luego de los tratados Torrijos – Carter, firmados en 1977, fueron revirtiendo paulatinamente, hasta culminar la entrega total, el 31 de diciembre de 1999 a las 12 del día, en un acto protocolar presidido por la presidenta de entonces, Mireya Moscoso (1999-2024). (Foto ACP)

El Fin de la Guerra y las Demandas de Soberanía

Al finalizar la Segunda Guerra Mundial en 1945, Estados Unidos seguía ejerciendo un dominio total sobre la Zona del Canal y mantenía su presencia militar en Panamá. Aunque la guerra había terminado, el conflicto marcó un punto de inflexión en las relaciones entre Panamá y Estados Unidos. Los panameños, inspirados por el sentimiento de independencia y por el sacrificio de tantos jóvenes en la guerra, intensificaron sus demandas de autonomía.

Durante la década de 1950, las tensiones continuarían creciendo. Las protestas y demandas de control sobre el canal se intensificaron y los panameños exigieron mayores beneficios económicos y el fin de la ocupación en su territorio. A medida que el canal se consolidaba como una ruta indispensable para el comercio global, Panamá insistía cada vez más en la necesidad de revisar los términos de los tratados que le habían otorgado a Estados Unidos un control casi absoluto a perpetuidad, sobre el canal y su zona.

A lo largo de la primera mitad del siglo XX, el Canal de Panamá fue un eje central en la geopolítica y el comercio internacional. Durante las dos guerras mundiales, la infraestructura canalera fue fundamental para los movimientos estratégicos de las fuerzas estadounidenses y para el abastecimiento de sus tropas. Sin embargo, esta importancia global vino acompañada de tensiones y conflictos en la relación entre Panamá y Estados Unidos.

Para los panameños, el canal representaba tanto una oportunidad económica como una restricción a su soberanía. Aunque los beneficios del canal eran innegables, el control estadounidense sobre la Zona del Canal generaba un creciente resentimiento que no tardaría en llevar a exigencias de mayor autonomía y justicia.

Este período sentó las bases para una lucha por la soberanía que culminaría en la segunda mitad del siglo XX, cuando Panamá finalmente recuperaría el control del canal. La influencia del canal en el comercio mundial y su papel en los conflictos internacionales reafirmaron su estatus como uno de los puntos estratégicos más valiosos del mundo.

En este capítulo, hemos visto cómo el Canal de Panamá jugó un rol crucial en el comercio y en la defensa durante las dos guerras mundiales, así como el impacto que esto tuvo en la identidad y soberanía de Panamá.

Fotografía aérea de 1950 de la entrada del canal en el Pacífico. Se pueden apreciar en la fotografía, las islas Naos, Perico y Flamenco, en la entrada del Pacifico del Canal, que jugaron un papel crucial, en la segunda guerra mundial con instalaciones militares importantes. Fueron conectadas a tierra firme y hoy forman parte de un complejo turístico importante con vista privilegiada a la entrada del canal, a la bahía de Panamá y la cinta costera.

(Foto ACP)

Capítulo 5

La Lucha por la Soberanía y el Control del Canal de Panamá

En este quinto capítulo, abordaremos el movimiento nacionalista en Panamá con el sentimiento de soberanía total de los panameños y la lucha por el control del Canal de Panamá, desde las primeras protestas hasta los acuerdos históricos que marcaron el fin de la presencia colonial estadounidense en la Zona del Canal.

Primeros reclamos y el nacimiento del movimiento soberanista panameño.

Tras la Segunda Guerra Mundial, el control estadounidense sobre el Canal de Panamá y la Zona del Canal comenzó a ser cuestionado de forma más abierta y enérgica por los panameños. La presencia estadounidense, con sus propias leyes y privilegios exclusivos en una franja de territorio panameño, era vista como una afrenta a la soberanía nacional. En un país que había surgido como una nación independiente en 1903, la Zona del Canal, controlada por un país extranjero, se percibía como un símbolo de opresión y colonialismo.

El movimiento soberanista comenzó a ganar fuerza en la década de 1940, con los estudiantes y sectores populares como protagonistas. Estos jóvenes panameños, muchos de los cuales vivían en áreas cercanas a la Zona del Canal, veían con resentimiento por el trato privilegiado que recibían los ciudadanos estadounidenses en el istmo. En 1947, cuando el gobierno de Panamá propuso renovar un acuerdo para permitir que bases militares estadounidenses se establecieran en territorio panameño fuera de la Zona del Canal, estallaron las primeras grandes protestas.

Miles de estudiantes y ciudadanos panameños se manifestaron en las calles, coreando la consigna de "¡No bases!" y exigiendo que el gobierno defendiera la soberanía nacional. Ante la presión popular, el tratado de bases fue rechazado por la Asamblea Nacional, en una de las primeras grandes victorias del movimiento soberanista panameño.

A medida que pasaba el tiempo, el descontento se intensificaba. En 1958 y 1959, una serie de protestas estudiantiles reclamaron el derecho de los panameños a izar su bandera en la Zona del Canal. Estas manifestaciones se volvieron emblemáticas y la bandera panameña se convirtió en un símbolo de resistencia y orgullo nacional. La respuesta de Estados Unidos a estas manifestaciones fue de represión, lo que profundizó el resentimiento de los panameños y fortaleció su determinación de luchar por el control del canal.

En uno de los eventos más simbólicos de estas protestas, el 9 de enero de 1964, un grupo de estudiantes intentó cruzar la frontera de la Zona del Canal con una bandera panameña. Las autoridades estadounidenses impidieron que los jóvenes izaran su bandera y las tensiones estallaron en enfrentamientos violentos y demostró la magnitud de la tensión y la necesidad de reformar las relaciones entre Panamá y Estados Unidos respecto al canal.

**Las protestas estudiantiles
y de todos los panameños,
reclamando la soberanía total
en el territorio ocupado,
se hicieron más comunes
de lo que a los norteamericanos les
habría gustado,
siendo más constantes
y tornándose cada vez
más violentas.**

La Presidencia de Roberto F. Chiari y la Declaración de Soberanía

En la década de 1960, el presidente panameño Roberto F. Chiari adoptó una postura firme respecto al control del canal. En enero de 1964, una serie de manifestaciones conocidas como los Sucesos del 9 de enero o Día de los Mártires desencadenaron una crisis diplomática entre Panamá y Estados Unidos. Ese día, un grupo de estudiantes panameños marchó hasta la Escuela Secundaria de Balboa, en la Zona del Canal, para izar la bandera panameña junto a la estadounidense, como símbolo de igualdad. Sin embargo, los residentes estadounidenses en la Zona del Canal, conocidos como "zonians", respondieron con hostilidad, arrancando la bandera panameña y agrediendo a los estudiantes. El incidente rápidamente se convirtió en una confrontación violenta que dejó un saldo de al menos 22 panameños muertos entre ellos Ascanio Arosemena, José Del Cid, Ricardo Murgas, Rosa Landero y Ovidio Lizardo Saldaña y otros además decenas de heridos. Este trágico suceso causó una profunda indignación en Panamá y marcó un punto de no retorno en la relación entre ambos países.

El presidente Chiari reaccionó con firmeza y exigió a Estados Unidos que revisara el tratado de la Zona del Canal y negociara un acuerdo más justo. Incluso llegó a romper relaciones diplomáticas temporalmente, ganándose el respeto del pueblo panameño y consolidando la posición de Panamá ante la comunidad internacional. Los mártires del 9 de enero de 1964 se convirtieron en símbolos de la lucha por la soberanía y su sacrificio fue un impulso decisivo para las futuras negociaciones.

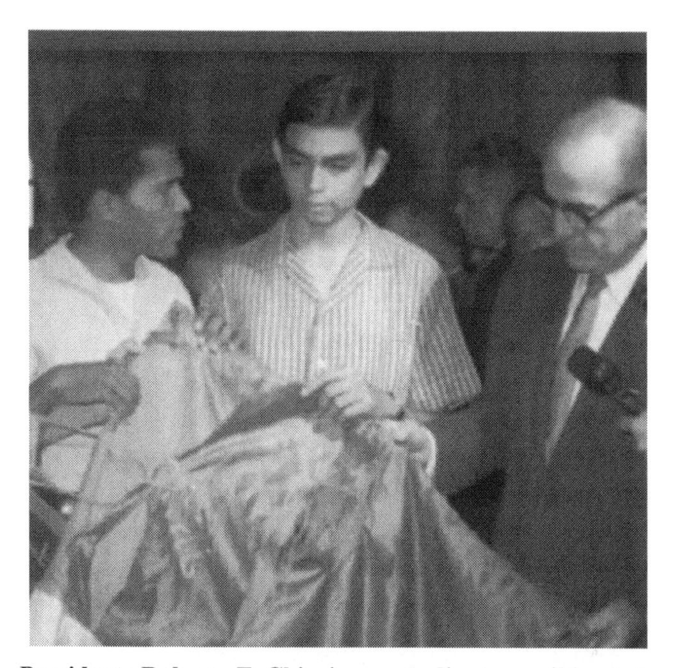

Presidente Roberto F, Chiari con estudiantes recibiendo la bandera mancillada por Zonians – 1964

Las Negociaciones para un Nuevo Tratado que se llamó Torrijos y Carter

En 1968, el general Omar Torrijos asumió el poder en Panamá tras un golpe militar y la cuestión del canal se convirtió en una de sus principales prioridades. Torrijos, consciente de la importancia histórica del canal, inició una campaña internacional para exigir la devolución del canal y la Zona del Canal a Panamá. Su discurso apelaba a la dignidad y al derecho de los panameños a ser dueños de su propio territorio.

La lucha de Torrijos captó la atención y las Naciones Unidas respaldaron la causa panameña en múltiples ocasiones. En sus discursos, Torrijos insistía en que el canal debía ser administrado por Panamá y en 1973, en una famosa intervención en la ONU, dijo: “El canal no es solo un paso, es un sueño de dignidad para todos los panameños”. Torrijos consolidó su postura con el apoyo de la comunidad internacional y los países no alineados, jugaron un papel importante en las aspiraciones de los panameños, liderizada por Torrijos.

Firma del Tratado Torrijos – Carter, 7 de septiembre 1977
En la fotografía, el jefe del gobierno de Panamá General Omar Torrijos y Jimmy Carter, presidente de Estados Unidos

Finalmente, en 1977, Torrijos y el presidente estadounidense Jimmy Carter firmaron los Tratados Torrijos-Carter, que establecieron el marco para la devolución gradual del canal a Panamá. Los tratados estipulaban que Estados Unidos mantendría el control de la Zona del Canal hasta el 31 de diciembre de 1999, fecha en la que Panamá asumiría la administración total de la vía interoceánica. Al inicio, 1999 se veía lejos en el tiempo, pero finalmente el día llegó, 31 de diciembre de 1999.

Firma de documentos del protocolo de reversión, 31 de diciembre 1999, en la fotografía, la presidenta de Panamá Mireya Moscoso y Jimmy Carter, expresidente de Estados Unidos que firmó el tratado con Omar Torrijos.

El acuerdo también incluía una serie de compromisos, como la neutralidad del canal y el derecho de Estados Unidos a intervenir en caso de que la seguridad del canal se viera amenazada. A pesar de esto, los tratados fueron vistos como un triunfo del movimiento soberanista panameño y un paso histórico hacia la independencia y el control pleno sobre el canal.

Principales convenios sobre el Canal de Panamá

• Convención del Canal Ístmico (Tratado Hay-Bunau Varilla), firmado el 18 de noviembre de 1903. Este tratado para la construcción del Canal de Panamá, fue firmado por el ingeniero francés, Philippe Bunau-Varilla por Panamá y por EEUU el señor John Hay. Tratado que ningún panameño firmó.

• El tratado Alfaro Kellogg se intentó establecer en 1926, pero fue rechazado porque con él, se legalizaba que los estadounidenses tuvieran tropas en el territorio panameño.

• Tratado General de Amistad y Cooperación entre Panamá y Estados Unidos (Tratado Hull-Alfaro), firmado el 2 de marzo de1936. Subía el canon de arrendamiento a $430,000.00 (dólares de papel) y abordaba la construcción de la carretera transístmica, sin monopolio,

• Tratado de Mutuo Entendimiento y Cooperación Panamá-Estados Unidos (Tratado Remón-Eisenhower), firmado el 25 de enero de 1955, fue firmado 20 días después del asesinato del presidente José Antonio Remón Cantera. Con este tratado se aumentaba el pago de la anualidad del canal a 1,930,000.00 y la prohibición que los comisariatos de la Zona del canal abastecieran a las naves en tránsito por el canal y solo podrían vender víveres para los norteamericanos residentes en la Zona del Canal, entre otras cosas más.

- Tratado del Canal de Panamá y Tratado concerniente a la Neutralidad Perpetua del Canal de Panamá (Tratado Torrijos-Carter), firmado el 7 de septiembre de 1977. Este tratado puso fin a la perpetuidad el tratado de 1903 y entregaba el Canal a Panamá, el 31 de diciembre de 1999 a las 12 mediodía.

Fotografía histórica del 31 de diciembre 1999 edificio de la administración del Canal de Panamá (Foto ACP)

El Triunfo de la Soberanía y la Transferencia del Canal en 1999

Durante los años siguientes a la firma de los tratados de 1999, Panamá comenzó a prepararse para la transferencia y asumir la soberanía en todo su territorio con la plena administración del canal. Esto implicó la capacitación de personal panameño, la creación de una estructura administrativa y el fortalecimiento de las instituciones nacionales que serían responsables del canal. Los panameños estaban conscientes de la importancia del canal y del reto que implicaba gestionarlo de manera autónoma.

Finalmente, el 31 de diciembre de 1999, en una ceremonia histórica, el Canal de Panamá fue transferido a la Autoridad del Canal de Panamá (ACP), que asumió su administración y operación. La ceremonia fue encabezada por la entonces presidenta Mireya Moscoso y altos representantes de Estados Unidos, en un acto que marcó el final de casi un siglo de control estadounidense sobre ese territorio denominado Zona del Canal y la vía interoceánica.

La transferencia del canal fue recibida con júbilo por el pueblo panameño, que veía en este acto la realización de un sueño de soberanía. Miles de personas se reunieron para presenciar el momento en que la bandera panameña ondeaba finalmente en el canal, como símbolo de la culminación de décadas de lucha y sacrificio.

Con el control del canal, Panamá no solo obtuvo una infraestructura de gran valor, sino también una fuente de ingresos y un motor de desarrollo. La administración del canal permitió a Panamá convertirse en un centro de comercio internacional, el país ha logrado modernizar y expandir el canal para adaptarse al creciente tráfico marítimo.

El canal también sigue siendo un símbolo de la soberanía nacional y de la identidad panameña. Los panameños recuerdan con orgullo la lucha de generaciones pasadas, desde los mártires de 1964 hasta los líderes y ciudadanos que mantuvieron viva la esperanza de recuperar el canal. La experiencia de la lucha por la soberanía ha dado a Panamá una visión clara de la importancia de la independencia y del control sobre su territorio.

El Canal de Panamá, un Canal para Panamá y el Mundo, es hoy una de las rutas comerciales más importantes del planeta y su eficiente gestión, bajo la administración panameña, ha sido un éxito reconocido internacionalmente. La historia del canal, sin embargo, va más allá de la ingeniería y el comercio; es la historia de la lucha de un pueblo por su derecho a ser dueño de su destino.

La transferencia del canal representa el triunfo de la dignidad y la soberanía panameña y es un recordatorio de que, a pesar de las dificultades y las tensiones, los ideales de justicia y autodeterminación pueden prevalecer. Hoy, el Canal de Panamá sigue siendo una fuente de orgullo para Panamá y un legado para el mundo, un símbolo de lo que se puede lograr cuando una nación lucha unida por su plena soberanía e independencia y sus derechos.

Con este capítulo, culminamos la historia del movimiento soberanista que permitió a Panamá recuperar el control del Canal de Panamá. Este es un homenaje a las generaciones de panameños que, con sacrificio y valentía, lograron este gran triunfo.

Capítulo 6

Una Nueva era para el Canal, la administración panameña y la ampliación del canal

En este sexto capítulo, hablaremos sobre la administración del Canal de Panamá bajo control panameño, destacando la eficiencia y modernización lograda en estos años, así como la histórica ampliación de la vía interoceánica. Resaltaremos el próximo aniversario en el año 2025, que marcará 25 años de administración exitosa y 100% panameña.

La transición a la administración panameña, un compromiso con la excelencia

El 31 de diciembre de 1999 marcó el inicio de una nueva era para el Canal de Panamá, con la transferencia oficial de la administración a manos panameñas bajo la Autoridad del Canal de Panamá (ACP). Después de décadas de lucha por la soberanía, Panamá asumía finalmente la responsabilidad y el control absoluto de una de las rutas comerciales más importantes del mundo.

Desde el primer día, el pueblo panameño se comprometió a demostrar que era capaz de manejar el canal con profesionalismo, eficiencia y visión de futuro.

La transición fue un momento de orgullo nacional y también de desafío. Administrar el canal significaba no solo mantener su operación al nivel de excelencia internacional que demandaba el comercio global, sino también transformar la vía en una fuente de crecimiento económico y de desarrollo para Panamá.

La Autoridad del Canal de Panamá (ACP), creada como una entidad autónoma, estaba diseñada para operar bajo principios de eficiencia, transparencia y sustentabilidad y desde sus inicios se comprometió a reinvertir los ingresos del canal en el desarrollo y modernización de la vía y del país.

Desde que la ACP asumió la gestión del canal, la administración panameña ha sido ejemplar y eficiente, logrando excepcionales resultados, demostrando una capacidad de gestión que ha sido internacionalmente reconocida.
La operación del canal se ha mantenido a la vanguardia de la tecnología y de las mejores prácticas de seguridad y eficiencia en el sector marítimo.

La ACP ha implementado sistemas de mantenimiento, monitoreo y planificación de tránsito que han permitido que el canal funcione sin interrupciones significativas. Los tiempos de tránsito se han optimizado y los costos operativos se han mantenido bajo control, lo que ha generado ingresos constantes para Panamá. En promedio, el canal genera más de 2,000 millones de dólares anuales para el país, los cuales se distribuyen en educación, infraestructura y otros servicios públicos que benefician a la sociedad panameña.

Panamá ha demostrado, a lo largo de estos 25 años, que es capaz de gestionar el canal con estándares de clase mundial. La eficiencia y transparencia en su operación han posicionado al canal como una referencia en la industria y han consolidado su importancia estratégica para el comercio global. La administración panameña ha cumplido y superado las expectativas y el canal sigue siendo un motor de desarrollo, orgullo y prosperidad para el país.

El proyecto de ampliación del Canal la visión de una Panamá competitiva

A medida que el comercio mundial crecía y los barcos se volvían cada vez más grandes, Panamá se enfrentó a un nuevo desafío: la capacidad del canal, construido en 1914 ya no era suficiente para acomodar a los enormes buques portacontenedores conocidos como Post-Panamax.
Estos barcos, que transportan miles de contenedores, representaban una gran parte del comercio mundial y su acceso al canal era esencial para que la vía siguiera siendo competitiva en el mercado global.

En 2006, la ACP propuso el ambicioso Proyecto de Ampliación del Canal de Panamá, que incluía la construcción de un tercer juego de esclusas.
Este proyecto fue sometido a un referéndum nacional, en el cual el 76.8% de los panameños votó a favor de la ampliación, demostrando el apoyo y la confianza del pueblo panameño en la visión de una Panamá competitiva y moderna.

La ampliación del canal a un costo aproximado de 5,250 millones de dólares, inaugurada el pasado 26 de junio de 2016, fue una obra de ingeniería monumental.

El proyecto implicó la construcción de esclusas más grandes y modernas en Cocolí (lado Pacífico) y Aguas Claras (lado Atlántico), así como el ensanche y profundización de los accesos y el canal de navegación.

Las nuevas esclusas, inauguradas en junio de 2016, permiten ahora el tránsito de los buques súper **Post Panamax**, (que son cargueros con una capacidad cercana a los 13.000 TEUs Twenty Foot Equivalent Unit, que es la unidad para medir la capacidad de carga de un barco de contenedores) y duplicaron la capacidad operativa del canal.

La construcción de la ampliación fue un esfuerzo integral de la ACP y miles de trabajadores panameños y de otros países, que convirtieron esta obra en un éxito mundial. El proyecto no solo fue una respuesta a la demanda global, sino una afirmación de la capacidad de Panamá para innovar y adaptarse a los cambios de la economía mundial. La ampliación del canal transformó la industria marítima y consolidó a Panamá como un hub logístico fundamental en las Américas.

ESCLUSAS EXISTENTES NUEVAS ESCLUSAS

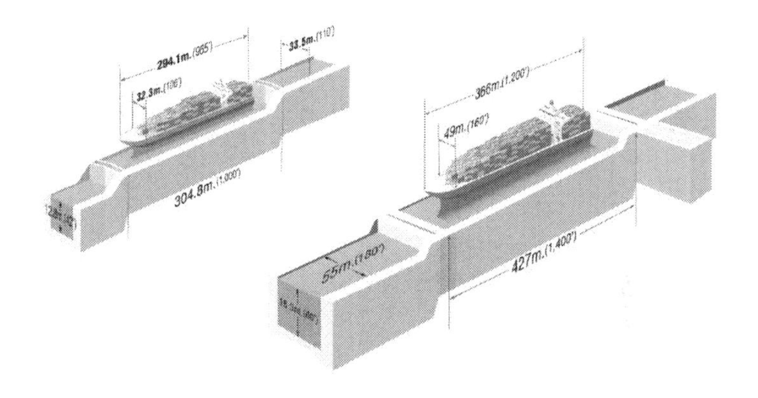

Impacto de la Ampliación en la Economía Global y en Panamá

Desde la inauguración del Canal ampliado en 2016, el tránsito de los barcos Post-Panamax ha aumentado significativamente, consolidando el papel del canal en el comercio mundial. La nueva capacidad ha permitido que el canal maneje más de 14,000 tránsitos al año y los ingresos generados por el tránsito de los barcos han tenido un impacto directo en la economía panameña, permitiendo el desarrollo de infraestructura y servicios públicos en todo el país.

La ampliación también ha impulsado el crecimiento del hub logístico en la región, con el desarrollo de nuevas terminales de contenedores, zonas de libre comercio y complejos portuarios en ambas entradas del canal. Este crecimiento ha generado miles de empleos en sectores como la logística, el transporte y la industria marítima, posicionando a Panamá como uno de los centros logísticos más importantes del continente americano.

Mirador turístico en las nuevas esclusas de Agua Clara, Atlántico, canal ampliado, Colón, Panamá
(Foto ACP)

2024
25 años de Administración Panameña con una Visión de Futuro

El 31 de diciembre de 2024, Panamá celebró un hito histórico: 25 años de administración eficiente del Canal de Panamá. Este aniversario no solo es un recordatorio del éxito de la gestión panameña, sino también una oportunidad para mirar hacia el futuro y plantear nuevas metas. La ACP ha demostrado en este cuarto de siglo su compromiso con la excelencia y la sostenibilidad y ha desarrollado planes a largo plazo para enfrentar los desafíos que presenta el cambio climático, las demandas del comercio mundial y la creciente competencia en el sector.

Para Panamá, la administración del canal es un símbolo de independencia y soberanía y representa la realización de una visión de desarrollo económico autosostenible. La ACP continúa innovando y desarrollando proyectos que optimicen el uso del agua, la eficiencia energética y la sustentabilidad, conscientes de que el canal es un recurso que debe ser preservado para las futuras generaciones.

Además, Panamá ha asumido un papel de liderazgo en la comunidad internacional como defensor de rutas comerciales seguras, eficientes y responsables con el medio ambiente. La expansión del canal y su administración ejemplar han convertido a Panamá en un modelo a seguir para otros países que buscan desarrollar infraestructuras logísticas de importancia global.

La administración panameña del Canal de Panamá, es un testimonio del compromiso, la visión y la determinación del pueblo panameño. La transición el 31 de diciembre de 1999, el Proyecto de Ampliación y los años de administración eficiente son hitos que han llevado al canal a un lugar destacado en la economía global y han fortalecido la identidad y la soberanía de Panamá.

El canal no solo es una vía de comercio; es un símbolo de lo que Panamá ha logrado y continúa construyendo para el futuro. Con una administración que combina tecnología, eficiencia y respeto por el medio ambiente, el Canal de Panamá sigue siendo una pieza clave en el comercio global y un orgullo para todos los panameños.

La historia del canal demuestra que, con visión y esfuerzo, un país pequeño puede tener un impacto gigante en el mundo. Al celebrar los 25 años de administración panameña, Panamá se proyecta hacia el futuro con la certeza de que la ruta que conecta dos océanos también une al mundo entero bajo los valores de colaboración, soberanía y desarrollo sostenible.

El Canal de Panamá es mucho más que un paso entre dos océanos; es el símbolo de un sueño largamente perseguido, que se ha forjado a lo largo de los años con determinación, sacrificio y resiliencia. Desde en el siglo XVI con el deseo de España por el Canal, luego los franceses y los desafíos enfrentados por Estados Unidos, hasta la lucha por la soberanía panameña, la exitosa administración del canal en manos panameñas y la reciente ampliación del Canal, cada capítulo en su historia ha dejado una huella profunda.

La administración panameña del canal ha demostrado al mundo la capacidad de

Panamá para gestionar esta obra monumental con excelencia y visión de futuro. El éxito de la ampliación en 2016, que duplicó la capacidad de la vía interoceánica y también modernizó su infraestructura, es testimonio de la evolución continua de una nación que entiende su canal como motor de desarrollo y símbolo de identidad.

Hoy, el Canal, es un referente en eficiencia y sostenibilidad, Panamá ha consolidado su lugar en el comercio global y en la historia. El canal sigue siendo un orgullo nacional y un legado para las generaciones venideras, mostrando que la grandeza de un país no se mide por su tamaño, sino por la fuerza y determinación de su gente para ser dueña de su destino.

Ricaurte Vásquez Morales, cuenta con una hoja de vida profesional, que garantiza su capacidad administrativa, es el administrador actual del Canal de Panamá, es el cuarto panameño en ocupar el cargo de administrador del Canal. Antes de ocupar este cargo, fue subadministrador y jefe de finanzas de la Autoridad del Canal de Panamá (ACP). Su administración se ha enfocado en elevar la superioridad logística del Canal y reforzar las alianzas estratégicas con puertos como el de Houston y otros en Texas e incrementar eficientemente, las actividades comerciales para aumentar, de manera significativa, los ingresos del Canal de Panamá.

Así, cerramos el ciclo histórico del canal, celebrando el éxito de la ampliación, proyectando una visión de seguridad, eficiencia y compromiso hacia el futuro.

Nuevo juego de esclusas, canal ampliado.
(Foto ACP)

Poema "Soy Canalero"

A continuación, el poema convertido en canción "Soy canalero", un homenaje al sueño que cambió el mundo, el Canal de Panamá.

"Soy Canalero"

Autor: Aguiar Martínez

Entre mares y entre sueños,
navegando sin cesar,
abrimos paso en la historia,
el Canal de Panamá.

Del Atlántico al Pacífico
Los barcos vemos cruzar,
y en cada gota de agua
hay un pueblo sin igual.

Soy Canalero en el alma,
mi patria me hace soñar,
con orgullo la cuidamos,
nuestra mano es quien lo opera.
Cada barco que atraviesa
lleva historias por contar,

lo operamos con orgullo
es el eco de este mar.
......
El Canal es nuestra fuerza,
nuestra voz aquí y allá,
el mundo lo reconoce:
"Panamá lo ha hecho brillar."
Con amor y con esfuerzo
lo ampliamos sin vacilar,
demostramos al planeta
que lo hicimos de verdad.

En Miraflores y Agua Clara,
se escucha el agua cantar,
como un latido constante,
que siempre se ha de escuchar.
Cruzamos barcos y sueños,
con eficiencia y valor,
administramos con orgullo,
es de Panamá el motor.

Desde el mundo hasta mi tierra
todos lo van a gritar,
"Panamá, con mano firme
convirtió en joya el canal."

Cada puerto en el planeta
reconoce esta verdad,
en todas partes aplauden,
es orgullo nacional.

Soy Canalero y lo grito
con el alma y con honor,
nuestro esfuerzo es la riqueza
de un país hecho de amor.

Siempre estoy con Panamá,
es un orgullo por siempre,
porque este Canal sonriente
nos conecta con el mar.

..."Soy Canalero"...
..."SOY PANAMÁ"...

Poema en prosa
"Un sueño que cambió el mundo"

Poema en prosa inspirado en la historia y espíritu del Canal de Panamá, como una voz que celebra la valentía, el sacrificio y el orgullo de una nación que convirtió una obra monumental en símbolo de su independencia y propósito, captura el espíritu y la emoción de la historia del Canal de Panamá como símbolo de independencia y orgullo para nuestro pueblo.

Un sueño que cambió el mundo
Autor: Aguilar Martínez

Es un paso de agua y tiempo,
tallado en el cuerpo de una tierra
pequeña y fértil,
que un día aprendió a transformar el
hierro en orgullo y la roca en libertad.

Aquí donde se encuentran dos océanos,
donde se encuentra el mundo en un abrazo
en hermandad,
el Canal de Panamá nace,
se alza y se despliega como el destino de un
país que eligió soñar despierto, sirviendo al
mundo.

Primero fue promesa de otros,
juego de potencias y moneda de cambio en
manos lejanas, pero Panamá,
con el pulso firme y el eco de su historia a
cuestas, lo reclamó y lo hizo suyo,
como un susurro paciente que se
convirtió en torrente de emancipación.

Y así, paso a paso,
el Canal se abrió y se expandió,
en noches largas y días de lluvia,
mientras la fiebre y la roca parecían
levantarse contra el hombre.

Pero el sueño era más fuerte y así,
de la mano de valientes,
de anónimos y héroes sin nombre,
que yacen en su memoria,
el canal fue uniendo sueños y continentes,
fundiendo en sus esclusas la esperanza de
su gente.

Años después, cuando ya las voces del
reclamo se tornaron en canción de justicia,
Panamá extendió su bandera sobre la franja
que antes parecía ajena siendo suya.

Los ríos de la patria la bañaron con orgullo y
el Canal, que era de todos y de nadie, se
volvió solo nuestro.

Un 31 de diciembre,
el país entero miró su reflejo en esas aguas
profundas y supo, al fin,
que había ganado la guerra de la espera y el
sueño de las almas del pasado y del
presente.

Hoy,
el canal es un canto de aceros,
agua, gente y esclusas,
un arte de fuerza y precisión,
un puente de océanos que aún lleva

en sus aguas el eco de ***un sueño que cambió el mundo***.

Es la voz de Panamá en su propio idioma y el del mundo,
una voz pequeña y poderosa,
como las olas que rompen contra las montañas en el litoral.

Porque no es solo un canal:
es el alma de un pueblo que no descansó
hasta ver izada su bandera en cada orilla,
hasta ser dueño del sueño **que otros intentaron arrebatar.**
Que el canal siga siendo puente y camino,
río y raíz.

Que sus aguas, en cada tránsito,
cuenten esta historia de soberanía
y esfuerzo.

Panamá lo vigila y lo honra,
como se honra al amigo fiel,
como se guarda un tesoro que ya nadie puede arrebatar.

Porque esta franja de agua y destino
es y será siempre,
historia de un sueño,

símbolo de una patria pequeña y orgullosa,
que se atrevió
y no paró hasta abrazar su sueño de
soberanía plena,
con el grito de libertad.

FIN

El Autor

Aguilar Martínez (1960 -) es el representante oficial para Panamá de Saint Michael Archangel International University (STMAIU) de Florida, además es investigador, escritor, poeta, compositor, artista plástico, (pintor y escultor), publicista, especialista en imagen y mercadeo, productor, animador de radio y televisión. Estudió Ciencias Políticas, parapsicología y metafísica. Es conferencista motivacional y experto en el secreto de la *"Ley de atracción"*.

En este libro, Aguilar Martínez nos entrega un resumen histórico en una crónica novelada sobre el Canal de Panamá, desde 1887, cuando los franceses soñaron con este proyecto, hasta hoy en día, 25 años después que Panamá asumiera el reto histórico de administrarlo y luego de ampliarlo para seguir sirviendo eficientemente al comercio marítimo mundial.

Este libro ***"El Canal es de Panamá", La historia, - Un sueño que cambió el mundo -,*** es una crónica novelada de una investigación que narra hechos e historia.

El autor publicó su primer libro en 2003, actualmente cuenta con 24 libros Best Sellers de diversos temas, cuatro traducidos en inglés y uno en portugués, todos publicados en Amazon.

Actualmente Aguilar Martínez, vive en Panamá.

El mundo entero sabe que,
somos un país libre y soberano,
que sirve al comercio del planeta,
como una nación independiente,

el Canal es de Panamá

y eso no va a cambiar, en el corazón
ni el sentimiento del pueblo
panameño.

Sabemos que nos costó esfuerzo,
sangre y héroes alcanzar
la soberanía plena.

Fueron muchos años de luchas, los
hijos de esta tierra, somos patriotas
nacionalistas que amamos Panamá.

"El Canal es de Panamá"

Aguilar Martínez

Aguilar Martínez

"El Canal es de Panamá"

La historia

- Un sueño que cambió el mundo -

CONTACTE AL AUTOR

+(507) 6142-5998

Encuéntrelo en Google
Como:

- Aguilar Martínez books
- Aguilar Martínez
- Aguilar Martínez escritor panameño
- Aguilar Martínez Artist

Correo electrónico
tonyaguilartv@gmail.com

Twitter o X
Tony Aguilar Martínez
@HyDTonyAguilar

Facebook
Tony Aguilar

Instagram
Tony Aguilar Martínez

Made in the USA
Middletown, DE
09 May 2025

75304019R00066